知识大比拼

500

个为什么

（问与答）

比利时 Caramel 出版公司　著

蒋明芮　谢丽梅　吴梦玲　译

四川科学技术出版社

·成都·

图书在版编目（CIP）数据

知识大比拼:500个为什么问与答.A/比利时 CARAMEL
出版公司著；蒋明芮,谢丽梅,吴梦玲译.一成都：四川科
学技术出版社,2012.8（2015.4重印）

ISBN 978-7-5364-7461-1

Ⅰ.①知… Ⅱ.①比… ②蒋… ③谢… ④吴… Ⅲ.①科
学知识–青年读物②科学知识–少年读物 Ⅳ.①Z228.2

中国版本图书馆CIP数据核字(2012)第176987号

四川省版权局　著作权合同登记章　图进字21-2012-42号
中文简体字版本由比利时©EDITIONS CARAMEL S.A公司独家授权

© EDITIONS CARAMEL S.A
Otto de Mentockplein 19
1853 Strombeek-Bever-Belgium

知识大比拼
500个为什么（问与答）A

责任编辑	何　光　李　红
责任出版	周红君
出版发行	四川科学技术出版社
	成都市三洞桥路12号　邮政编码 610031
成品尺寸	240mm×170mm
印　张	6
字　数	170千
制　版	成都华林美术设计有限公司
印　刷	北京旺鹏印刷有限公司
版　次	2012年8月第一版
印　次	2015年4月第三次印刷
书　号	ISBN 978-7-5364-7461-1
定　价	25.00元

1. 以下哪种菌类不存在？

   A. 芹菜牛肝菌

   B. 喇叭菌

   C. 绣线菌

2. 山区农场里养的鸡是：

   A. 圈养的

   B. 放养的

   C. 饲养在屋顶的

3. 以下哪种鸟是和平的象征？

   A. 白鸽

   B. 燕子

   C. 鹳

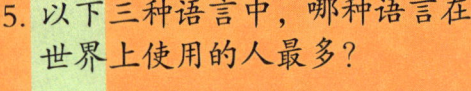

5. 以下三种语言中，哪种语言在世界上使用的人最多？

   A. 法语

   B. 德语

   C. 西班牙语

4. 弦乐四重奏没有哪种乐器？

   A. 钢琴

   B. 小提琴

   C. 大提琴

6. 电信行业使用的电缆，是由以下哪种材料组成？

   A. 尼龙线

   B. 镀铜金属线

   C. 玻璃纤维

7. 盆栽树的种植艺术发源于：

A. 非洲

B. 印度尼西亚

C. 日本

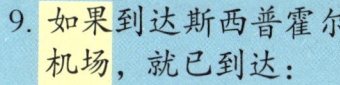

8. 当地球变暖时，海平面会：

A. 上升

B. 下降

C. 保持不变

9. 如果到达斯西普霍尔机场，就已到达：

A. 南非

B. 荷兰

C. 荷属安的列斯群岛

10. 以下哪个城市是西班牙首都？

A. 马德里

B. 里斯本

C. 罗马

11. 驼鹿是世界上最大的鹿科动物。除了繁殖季节，它是：

A. 单独生活

B. 与年轻的驼鹿成对生活

C. 群居

12. 在欧元发行以前，以下哪个国家采用里拉作为流通货币？

A. 意大利

B. 西班牙

C. 德国

8

13. 鳄鱼时常呆在河流旁，张大嘴巴，一动也不动。这是为什么？

   A. 为了快速捕捉经过的动物

   B. 为了在入水前呼吸空气

   C. 为了散热

14. 很多产品都是皮革制成的，那么皮革是由什么制成的？

   A. 动物的皮

   B. 石油

   C. 橡胶树皮

15. 面向前方，船的右舷在哪边？

   A. 右边

   B. 左边

   C. 后面

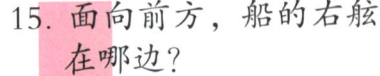

16. 面条最早来源于哪个国家？

   A. 中国

   B. 土耳其

   C. 意大利

17. 在一些国家，人们可以乘坐高速火车出行。法国的高速火车的行驶平均速度是：

   A. 230千米/小时

   B. 350千米/小时

   C. 420千米/小时

18. 对于食肉动物来说，食河豚是很难下口的，因为河豚身上生有锋利的刺。在水里，河豚膨胀成球状的情况是：

A. 永久的

B. 有时，当河豚体内充满水时

C. 有时，当河豚快浮出水面时

19. 西欧最高的山峰有4 807米，它是：

A. 勃朗峰

B. 旺图山

C. 多姆山

20. 法国有许多奇石，如图所示，这些大石块叫做什么？

A. 石头阵

B. 石群

C. 大石雕

21. 开花植物为了进行繁殖，在花柱头上会有什么出现？

A. 花粉

B. 花冠

C. 花蕾

22. 救助儿童的世界组织叫做什么？

A. 联合国儿童基金会

B. 联合国教育科学及文化组织

C. 联合国组织

23. 小便在人体的哪一个器官中生成？

A. 肾脏

B. 胃

C. 肠

24. 以下哪种犀牛是不存在的?

   A. 白犀牛

   B. 黑犀牛

   C. 褐犀牛

25. 微波炉加热食品是靠:

   A. 使食品的水分子相互摩擦作用

   B. 使食品振动

   C. 自身发热

26. 在极地地区,人们实际上只能看到浮动冰山的:

   A. 1/5

   B. 1/3

   C. 1/2

27. 好莱坞为最佳影片颁发的金像奖雕塑叫做什么?

   A. 奥斯卡

   B. 恺撒

   C. 马克西姆

28. 在奥运会中,以下哪种田径项目不存在?

   A. 100米跨栏

   B. 110米跨栏

   C. 100米短跑

29. 酿成50升的葡萄酒,大约需要多少千克葡萄?

   A. 100千克

   B. 50千克

   C. 250千克

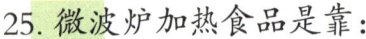

30. 鱼没有用来呼吸的肺，那么鱼是靠什么呼吸的？

A. 鳃

B. 鳞

C. 鳍

31. 以下哪个星球称为红色星球？

A. 火星

B. 金星

C. 土星

32. 大洋洲共有多少个独立国家？

A. 少于5个

B. 5~10个

C. 多于10个

33. 人们常在什么地方看到蜻蜓？

A. 水边

B. 森林里

C. 大山里

34. 罗马人用哪个字母表示数字500？

A. D

B. M

C. L

35. 人的心脏位于胸腔的哪一边？

A. 左边

B. 中间

C. 右边

36. 更改国籍的行为叫做什么?

A. 入籍

B. 移民

C. 定居

37. 在以下斯蒂文·斯皮尔伯格执导的影片中,哪一部讲述了一名外星人想要返回它的星球的故事?

A《外星人》

B《星球大战》

C《威鲸闯天关》

38. 医生常用哪种仪器来听心跳?

A. 听诊器

B. 感应器

C. 测试卡

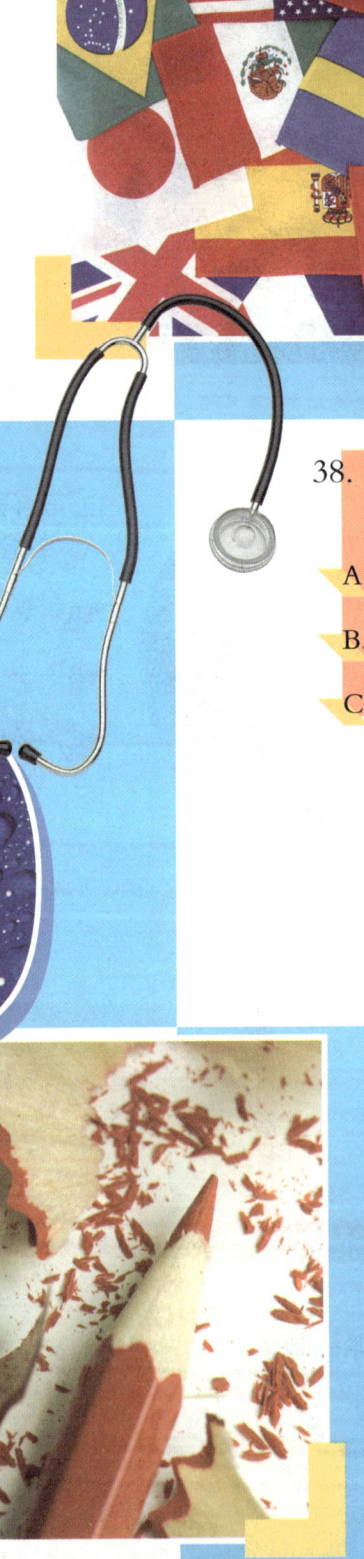

39. 澳大利亚的原始部落人叫做什么?

A. 巴布亚人

B. 马萨伊人

C. 澳洲土著人

40. 工厂生产1吨纸大约需要多少升水?

A. 4万升

B. 4 000升

C. 400升

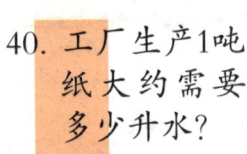

41. 铅笔含有一种碳——石墨。以下哪个选项不属于碳的种类?

A. 金刚石

B. 沥青

C. 烟尘

42. 白狐生活在哪里？

A. 北极

B. 南极

C. 北极和南极

43. 小孩第一次长出的牙齿叫做什么？

A. 乳牙

B. 恒牙

C. 黄牙

44. 以下哪种标度用于表示地震的震级？

A. 黎克特制地震震级

B. 三连晶等级

C. 蒲福风级

45. 光从月球传播到地球需要多少时间？

A. 1秒钟

B. 30秒钟

C. 1分钟

46. 以下哪种鸟可以边飞行边采食？

A. 蜂鸟

B. 乌鸫

C. 燕子

47. 达尔文是一名：

A. 传教士

B. 生物学家

C. 富有的王子

14

48. 生活在沿海地带的鸟是：

A. 海鸥

B. 大雁

C. 白鹭

49. 猴树是世界上最大的树之一。这种树也被称作什么？

A. 苍天大树

B. 猴面包树

C. 巨型树

50. 三原色可以调出其他所有颜色。以下哪种颜色不属于三原色而是由两种基本色调配而来的？

A. 绿色

B. 黄色

C. 红色

51. 火山爆发时岩浆喷出的现象叫做什么？

A. 侵蚀

B. 喷发

C. 泥石流

52. 印在纸币上能透光、能清楚看到并用来辨别假币的图案叫做什么？

A. 水印

B. 铅印

C. 彩印

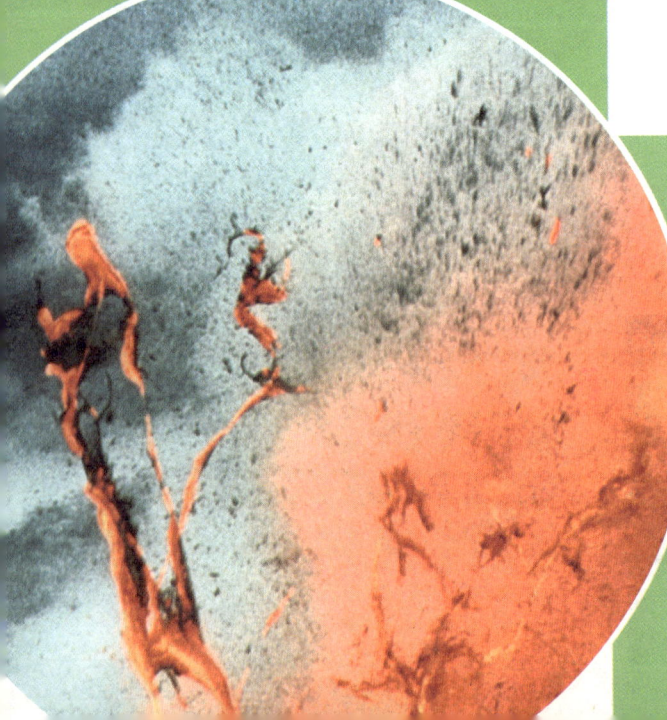

53. 陨石是什么?

A. 来至宇宙的石头

B. 天空中像石头的气团

C. 石山中的岩石

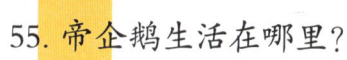

54. 蜘蛛织网是为了:

A. 休息

B. 捕获猎物

C. 移动

55. 帝企鹅生活在哪里?

A. 南极

B. 北极

C. 北极和南极

56. 葡萄牙的贝伦塔共有五层。在历史上,它从未用作:

A. 监狱

B. 灯塔

C. 教堂

57. 香蕉生长:

A. 弯曲向上

B. 弯曲向下

C. 笔直,在收成之后才弯曲

58. 铅球比赛中,女子比赛用的铅球重量为多少?

A. 3千克

B. 2千克

C. 4千克

59. 尼尔·阿姆斯特朗是谁?

A. 第一个登上月球的人

B. 萨克斯演奏家

C. 诺贝尔和平奖获奖者

60. 以下哪一组数字表示的是1亿?

A. 100 000 000

B. 100 000 000 000

C. 1 000 000 000 000

61. 阿尔汗布拉宫位于西班牙的格拉纳达。"阿尔汗布拉"一词来自阿拉伯语,阿尔汗布拉宫其含义为:

A. 童话宫殿

B. 红宫

C. 金色城堡

62. 海星拥有5个一样的角,这些角是海星的:

A. 腕

B. 尾巴

C. 爪子

63. 无花果是一种水果。是什么使无花果的花朵受精?

A. 胡蜂

B. 风

C. 蝴蝶

64. 当一艘船的航速达到30节时,它的速度是多少?

A. 60千米/小时

B. 30千米/小时

C. 15千米/小时

65. 在人体内，血液在倒流回心脏之前，会清除代谢物。这种现象出现在人体的：

A. 胰腺

B. 肝

C. 肾脏

66. 老虎是猫科动物。老虎：

A. 具有高超的游泳和攀爬技术

B. 游泳技术欠佳，攀爬技术高超

C. 游泳技术高超，攀爬技术欠佳

67. 人的手臂中没有哪一种骨头？

A. 锁骨

B. 尺骨

C. 桡骨

68. 以下哪种动物最爱吃竹笋？

A. 大熊猫

B. 考拉

C. 浣熊

69. 欧洲最早种植马铃薯是在16世纪。马铃薯最早是从哪里传入欧洲的？

A. 南美洲

B. 亚洲

C. 非洲

70. 塞纳河流经以下哪个城市？

A. 巴黎

B. 纽约

C. 伦敦

71. 在苏格兰，很多游客会去游览尼斯湖，这是因为：

   A. 传说中，吸血鬼德古拉伯爵居住在该湖附近的城堡里

   B. 传说中，尼斯湖里有水怪

   C. 传说中，有幽灵出没在附近的城堡

72. 以下哪个童话故事中，没有巫婆这一角色？

   A. 小红帽

   B. 白雪公主

   C. 糖果屋

73. 爱尔兰共和国位于爱尔兰岛的南部。爱尔兰的首都是：

   A. 都柏林

   B. 贝尔法斯特

   C. 利默里克

74. 喷射气流是什么？

   A. 高空的强劲气流

   B. 旋风

   C. 超音速飞机产生的气流

75. 地球上有大量的水，其中97%的水是：

   A. 纯净水

   B. 盐水

   C. 淡水

76. 以下哪种鸟属于海鸟？

   A. 白鹭

   B. 鹳

   C. 信天翁

77. 美洲拥有50多个国家公园。其中位于佛罗里达的沼泽公园因什么而闻名?

A. 洞穴

B. 盐湖

C. 沼泽地

78. 以下哪些人最易患色盲症?

A. 男人

B. 女人

C. 男人和女人

79. 海豚是:

A. 哺乳动物

B. 两栖类

C. 鱼类

80. 宝石的重量单位是:

A. 毫克

B. 克拉

C. 喱

81. 法语Kiwi的意思是一种可以食用的水果—猕猴桃,同时也有一种动物叫做Kiwi,这种动物是:

A. 蝴蝶

B. 鸟

C. 鱼

82. 以下哪门学科研究原子和分子?

A. 化学

B. 物理

C. 生物

83. 常年被水冲刷的石头会发生什么变化?

A. 变得圆滑

B. 变得坚硬

C. 失去光泽

84. 鬣狗是群居动物,它们的首领是:

A. 雄性鬣狗

B. 雌性鬣狗

C. 一只雄性鬣狗和一只雌性鬣狗

85. 以太空飞行为职业的人叫做什么?

A. 宇航员

B. 飞行员

C. 乘务员

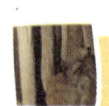

86. 在溶洞里有很多像是悬挂在顶部的石头,这类石头叫做:

A. 石柱

B. 石笋

C. 钟乳石

87. 在威尼斯,星罗棋布的水上道路叫做:

A. 水道

B. 沟

C. 护城河

88. 再生利用是指什么?

A. 废弃物品回收再制成新的产品供人们使用

B. 一种绘画技巧

C. 不同的材料开发成不同的产品

89. 出生于10月27日的
   人是什么星座?

   A. 天蝎座

   B. 狮子座

   C. 处女座

90. 以下哪个城市是巴西的首都?

   A. 巴西利亚

   B. 里约热内卢

   C. 圣保罗

91. 月球的引力会造成地球
   上的什么现象?

   A. 四季更替

   B. 潮汐涨落

   C. 温度变化

92. 曾经专门供国王娱
   乐的人叫做什么?

   A. 小丑

   B. 酋长

   C. 管家

93. 在非洲, 有一个以女性名
   字命名的瀑布, 它是:

   A. 戴安娜瀑布

   B. 维多利亚瀑布

   C. 阿尔伯塔瀑布

94. 鹤是大型涉禽鸟类, 它们:

   A. 在喂了每只雏鹤之后, 会发出
      不同的叫声

   B. 依据不同的场合, 用不同的方
      式跳舞

   C. 依据所进行的活动, 鹤会更换
      伴侣

95. 情人节是在哪一个月？

A. 2月

B. 3月

C. 4月

97. 运动品牌"耐克"一词来自哪里？

A. 希腊女神

B. 商人阿尔佛雷德·耐克

C. 第一个赢得100米短跑的美国人斯蒂文·耐克

96. 墨西哥位于：

A. 北回归线

B. 南回归线

C. 赤道

98. 德比大赛（derby）是针对三岁的马匹，赛程为2 400千米的赛马比赛。同样，德比还有其他含义：

A. 指同一城市或同一地区的两队所进行的比赛

B. 指同一运动项目中初级者之间的比赛

C. 指混合队（男女混合）之间的比赛

99. 在瑞士阿尔卑斯山，人们使用一种特殊的标度来表明以下哪一种运动的线路难度等级？

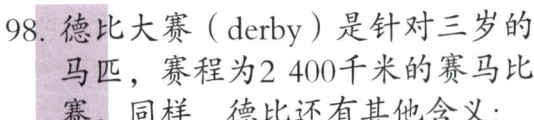

A. 滑雪

B. 山中漫步

C. 登山运动

100. 在威尼斯，威尼斯尖舟——刚朵拉是人们在水道上行驶的交通工具。传统的刚朵拉漆成：

A. 黑色和红色

B. 黑色和绿色

C. 黑色

101. 当人的恒牙全部长出后，人的牙齿总共有：

A. 28颗

B. 32颗

C. 36颗

102. 混合了其他不同的酒及饮料的酒叫做什么？

A. 鸡尾酒

B. 白兰地

C. 威士忌

103. 研究化石的学科叫做：

A. 考古学

B. 古生物学

C. 地质学

104. 羚羊的角呈：

A. 圆形

B. 螺旋形

C. 条形

105. 为什么要给马钉上蹄铁？

A. 为了保护马蹄

B. 为了保护街道

C. 为了给马蹄保暖

106. 成人的骨骼共由多少块骨头组成？

A. 412块

B. 350块

C. 206块

107. 中国的长城是人类创造的伟大奇迹，是世界上最长的建筑。长城的长度大约有：

A. 1 500千米

B. 2 500千米

C. 3 200千米

108. 英国的哪一个城镇经过本初子午线？

A. 格林尼治

B. 肯特

C. 伦敦

109. 在希腊，人们可以品尝到一种由羊奶特制而成的白奶酪，这种奶酪叫做：

A. 莫扎拉干酪

B. 格吕耶尔奶酪

C. 费塔干酪

110. 哪一种航空器装置了旋翼？

A. 直升机

B. 超轻型飞机

C. 飞艇

111. 在沙漠中游走的人叫做什么？

A. 游牧者

B. 威金人

C. 同盟者

112. 在苏格兰，很多家族名字都以Mac开头，通常缩写为Mc。这种名字前缀意为：

A. 儿子

B. 家族

C. 父亲

113. 一种养鱼设备，鱼可以在里面生长，但是不能逃出，它叫做什么？

A. 网箱

B. 鱼篓

C. 围席

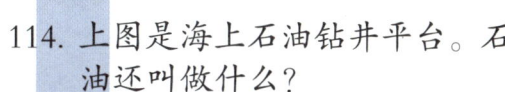

114. 上图是海上石油钻井平台。石油还叫做什么？

A. 黑金

B. 黑钻石

C. 黑尖晶

115. 水的沸点是多少？

A. 100摄氏度

B. 0摄氏度

C. 1 000摄氏度

116. 众所周知，回飞镖是一种游戏器物。最初回飞镖是用作什么的？

A. 武器

B. 预测天气的工具

C. 装饰品

117. 如果骰子的4点朝上，同时朝下的一面是几点？

A. 3点

B. 2点

C. 1点

118. 排球比赛中，共有多少名球员在场上？

A. 12名

B. 8名

C. 6名

119. 煤可以用作燃料，它是在几百万年前由什么形成的？

A. 火山岩浆

B. 植物遗体

C. 沙子

120. 哪一位法国统治者总是把左手放在衣服里？

A. 拿破仑

B. 蓬皮杜

C. 希拉克

121. 拥有广阔的亚马孙森林的南美地区叫做什么？

A. 阿马索尼亚地区

B. 亚马孙地区

C. 亚马孙河流域

122. 峡湾是指什么？

A. 高耸悬崖之间的海峡

B. 弯曲的小河

C. 海边的小路

123. 大象的耳朵除了听声音，还有什么其他用途？

A. 给自己降温

B. 驱赶昆虫

C. 与其他大象沟通

124. 以下哪一种乐器没有乐弦？

A. 单簧管

B. 钢琴

C. 低音提琴

125. 拳击手在被击倒多少秒钟后，就会被判定出局？

A. 5秒钟

B. 10秒钟

C. 15秒钟

126. 当人们打喷嚏的时候，空气迅速地从鼻腔内喷出，这时候空气喷出的速度可达到：

A. 100千米/小时

B. 10千米/小时

C. 50千米/小时

127. 水獭居住在靠近水的洞穴中。洞穴的入口位于：

A. 洞穴上面

B. 河堤旁边

C. 在水里

128. 恶魔岛（Alcatraz）是美国加州旧金山一座岩石丛生的小岛。恶魔岛多次成为书和电影的主题。直到1963年，恶魔岛上才建有：

A. 监狱

B. 戒律森严的修道院

C. 火箭发射基地

129. 刺猬在遇到危险时，会竖起身上的刺，还会：

A. 卷成球状

B. 藏起来

C. 静止不动

130. 绿色植物能够净化空气。净化的过程称为光合作用。光合作用进行的时间是：

A. 白天

B. 白天和晚上

C. 晚上

131. 如果将幼儿的骨骼与成人的骨骼作比较，有什么不一样？

A. 幼儿的骨骼比成人多

B. 成人的骨骼比幼儿多

C. 成人的骨骼和幼儿一样多

132. 以下哪一个国家不属于与德国接壤的邻近国家？

A. 西班牙

B. 法国

C. 比利时

133. 世界上讲得最多的是哪一种语言？

A. 汉语

B. 英语

C. 俄语

134. 蘑菇共有5 000余种种类，其中共有多少种蘑菇可以食用？

A. 几十种

B. 几百种

C. 几千种

135. 每一座灯塔都以一种独特的方式告知航海者的位置。这种方式是什么？

A. 灯塔发出的光脉冲

B. 灯塔的高度

C. 灯塔的颜色

136. 帝企鹅繁殖是在：

A. 冬天

B. 春天

C. 夏天

137. 珊瑚没有：

A. 嘴巴

B. 胃

C. 眼睛

138. 一个成人体内有多少血液？

A. 大约5升

B. 大约10升

C. 大约15升

139. 威廉·莎士比亚是谁？

A. 英国诗人

B. 美国流行音乐明星

C. 马拉松比赛的丹麦运动员

140. 男子自行车计时赛的比赛距离是？

A. 40~50千米

B. 10~20千米

C. 100千米

141. 现代羽毛球运动诞生于哪个国家？

A. 英国

B. 中国

C. 印度

142. 哪种胡蜂身上带有毒刺？

A. 雌性胡蜂

B. 雄性胡蜂

C. 雌性和雄性胡蜂

143. 巴黎的别名叫做什么？

A. 夜城

B. 灯城

C. 舞之城

144. 一些国家是以国王或者女王为元首的王国，比如英国。那么下列哪一个国家不是王国，而是由总统领导的共和国？

A. 挪威

B. 丹麦

C. 芬兰

145. 海面上有大小不一的波浪，这些波浪是为了：

A. 推动海水做水平运动

B. 搅浑海水

C. 使海水做循环运动

146. 一个鸵鸟蛋平均
重量约是多少?

A. 1.5千克

B. 1千克

C. 2千克

147. 哪一种爬行动物
不属于鳄类?

A. 石龙蜥

B. 钝吻鳄

C. 凯门鳄

148. 据科学家统计，世界
上共有多少种动物?

A. 10万

B. 50万

C. 150万

149. 地球是围绕太阳公转的星球。
还有其他一些星球也围绕太
阳公转，这样的星球共有:

A. 10个

B. 8个

C. 7个

150. 显微镜是一种借助光线来
进行观察的光学仪器。显
微镜可以把物体放大到:

A. 50倍

B. 200倍

C. 2 500倍

151. 人们为什么要使用指南针?

A. 为了明确方向

B. 为了找到最近的港口

C. 为了测定风力

152. 钟表的分针一天经过正点数字多少次？

A. 24次

B. 12次

C. 2次

153. 有一些种类的蝙蝠靠吸血为生，人们把它叫做：

A. 吸血蝙蝠

B. 德古拉

C. 杀手

154. 糖尿病人不宜食用的水果是：

A. 青梅

B. 蜜枣

C. 柠檬

155. 忧郁症患者害怕什么？

A. 空虚

B. 封闭空间

C. 昆虫

156. 储存大量集成电路的电脑核心部件叫做：

A. 程序

B. 微芯片

C. 服务器

157. 高飞是华特·迪斯尼创造的经典卡通形象之一。高飞是哪种动物？

A. 狗

B. 兔子

C. 公鸡

158. 世界上最长的蟒蛇，大约有多长？

A. 4米

B. 10米

C. 18米

160. 佐罗的马是什么颜色？

A. 黑色

B. 白色

C. 棕色

161 以下哪一种石头漂浮在水面上？

A. 浮石

B. 白垩

C. 板岩

162. 如图所示，这座具有特色的建筑物位于澳大利亚悉尼。这座建筑物叫什么？

A. 教堂

B. 艺术中心

C. 市政府

159. 洋葱的葱头多为球形，由越来越厚的皮包裹着。人们把这种葱头叫做：

A. 块茎

B. 块根

C. 鳞茎

163. 为了给游泳池消毒，会在水中放入什么？

A. 氯

B. 软化剂

C. 氢氧化钠

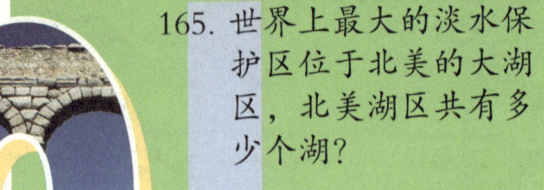

164. 罗马人曾修建了很多水渠，如今在一些地方还保留着。以前水渠是用来：

A. 帮助军队迅速通过河流的通道

B. 为城市提供水

C. 利用水阻止敌人前进

165. 世界上最大的淡水保护区位于北美的大湖区，北美湖区共有多少个湖？

A. 5个

B. 10个

C. 15个

166. "芭比"这个名字来自哪里？

A. 芭比娃娃创造者女儿的名字

B. 流行歌手的名字

C. 美国总统夫人的名字

167. 五个斯堪的纳维亚国家的国旗上都有十字。如图所示，该国旗属于哪一个国家？

A. 挪威

B. 瑞典

C. 芬兰

168. 为什么蜘蛛不会被自己织的网粘住？

A. 因为蜘蛛脚上有一种润滑物质

B. 不是所有的蜘蛛网都有黏性，并且蜘蛛知道该如何走

C. 蜘蛛太轻而不能被粘住

169. 一些鸟，比如蜂鸟，它能够：

 A. 以快速拍打翅膀的方式而停留在空中

 B. 在水面上浮动

 C. 在水面上漂浮

170. 人一天呼吸约多少次？

 A. 2万次

 B. 20万次

 C. 2 000次

172. 哪一种蚊子晚上让人们睡不着觉？

 A. 只有雌性蚊子

 B. 只有雄性蚊子

 C. 雌性和雄性蚊子

171. 一般来说，胎儿要在母亲肚子里待多少周？

 A. 41周

 B. 52周

 C. 35周

173. 在西伯利亚、北欧以及北美，有广阔的针叶树林，这种树林是：

 A. 桦树林

 B. 灌木林

 C. 泰加森林

174. 啄木鸟分布在：

 A. 欧洲

 B. 世界上任何有树木的地方

 C. 非洲和欧洲

175. 印度妇女用一种织布披在身上，有时也包在头上，人们把这种服饰叫做：

A. 纱丽服

B. 纱笼服

C. 旗袍

176. 在农家，鹅有时是用来：

A. 报晓

B. 孵鸡蛋

C. 看家

177. 宇航服之所以是白色的，一方面是为了在黑色的太空中可以被看见，另一方面是为了：

A. 吸收更少的太阳光

B. 吸收更多的太阳光

C. 减轻重量

178. 谁设计了自由女神雕像？

A. 居斯塔夫·艾菲尔

B. 里夏尔·尼克松

C. 比尔·克林顿

179. 瑜伽是什么？

A. 一种控制身体和精神的方法

B. 一种非洲宗教

C. 一种治愈神经疾病的方法

180. 在暴风雨中，风具有可怕的摧毁力量，那么在一场大风暴中，风可以达到的速度是：

A. 100千米/小时

B. 300千米/小时

C. 900千米/小时

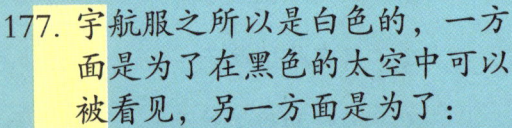

181. 大象可以分为哪两类？

A. 非洲象和欧洲象

B. 非洲象和亚洲象

C. 非洲象和澳大利亚象

182. 世界上居民人数最多的城市是：

A. 纽约

B. 墨西哥

C. 洛杉矶

183. 下列哪个不属位于欧洲的群岛？

A. 亚速尔群岛

B. 巴利阿里群岛

C. 马尔代夫群岛

184. 电话是19世纪由谁发明的？

A. 勒·雷格

B. 迪·阿罗

C. 亚历山大·贝尔

185. 火腿是用哪种动物的肉做的？

A. 猪

B. 母牛

C. 马

186. 飞行员和宇航员用一种仪器来探路和观察周围发生的事，这种仪器叫什么？

A. 雷达

B. 指南针

C. 天文望远镜

187. 生活在南美洲的羊驼可以分为四个种类，那么羊驼属于下列哪种动物家族成员：

A. 骆驼

B. 岩羚羊

C. 绵羊

188. 鉴定宝石纯度的单位叫做什么？

A. 开

B. 克拉

C. 盎司

189. 人们早上在植物上看到的露水，实际上是晚上沉淀在植物上的水分，因为：

A. 这些植物排出水分

B. 水分从地面蒸发

C. 土壤的温度比湿热空气的温度低

190. 拳击比赛中不可以击打对手的哪个部位？

A. 腰部以下

B. 脸部

C. 胸部

191. 在墨西哥，阿兹特克人建立的金字塔主要是：

A. 一种人们用来珍藏珍珠和珍贵的石头的宝库

B. 一种安葬帝皇的坟墓

C. 一种建立寺庙的基部

192. 洛桑、日内瓦、苏黎世均坐落在：

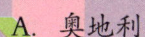

A. 奥地利

B. 瑞士

C. 挪威

193. 人们种植一种草，其目的主要是为了从其中提炼杀菌和具有保健作用的有效成分，这种草是：

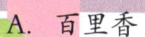

A. 百里香

B. 薰衣草

C. 薄荷

194. 滑雪射击运动包括两部分：

A. 蹦床和短枪射击

B. 越野滑雪和蹦床

C. 越野滑雪和短枪射击

195. 人一生中多少时间是用来睡觉的？

A. 1/3的时间

B. 1/5的时间

C. 1/10的时间

196. 如图所示，是一艘无顶棚、无动力、船身较长的船，它叫做什么？

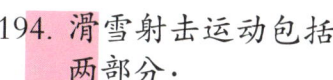

A. 独木舟

B. 帆布筏子

C. 小帆船

197. 一年中至少有一晚太阳是不落山的，人们把这种现象称作极昼。人们可以在哪里观察到这种现象？

A. 北极

B. 赤道地区

C. 北极和南极

198. 蝙蝠可以通过超声波在黑暗中飞行，超声波就像：

A. 轮船的声呐系统

B. 喷气式战斗机中的联络系统

C. 热气球的着陆系统

199. 客机起飞的速度通常是多少？

A. 290千米/小时

B. 170千米/小时

C. 380千米/小时

200. 彩色电视机是哪年发明的？

A. 1910年

B. 1940年

C. 1970年

201. 当人们切洋葱的时候，会发生什么现象？

A. 眼睛会流泪

B. 鼻子会流鼻涕

C. 嘴巴会变干

202. 蜘蛛有多少只眼睛？

A. 2只

B. 4只

C. 8只

203. 赤热的岩浆从地下喷出的现象叫做什么？

A. 火山爆发

B. 温泉

C. 泥石流

204. 科学家通过改变植物的遗传物质，来促进植物的成长和提高产量。人们将此称为：

A. 转基因

B. 再生

C. 细胞扩散

205. 人们使用的非人造海绵是被着色了的，它们最初其实是源于海洋的一种：

A. 植物

B. 动物

C. 石头

206. 在下列哪个国家中人们不可以用欧元付款？

A. 瑞士

B. 奥地利

C. 芬兰

207. 击剑运动中用的花剑由哪几部分组成？

A. 剑柄、剑刃和手套

B. 剑尖、剑刃和剑柄

C. 剑柄、剑身和护手盘

208. 描绘地图的人叫做：

A. 图表绘制者

B. 地图绘制者

C. 地球仪制造者

209. 小袋鼠出生后要在它母亲的育儿袋里呆多久？

A. 3个月

B. 8个月

C. 1年

210. 单峰驼和双峰驼的驼峰里有：

A. 水

B. 脂肪组织

C. 食物

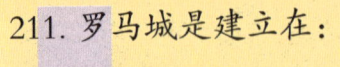

211. 罗马城是建立在：

A. 一个山丘上的

B. 三个山丘上的

C. 七个山丘上的

212. 下列哪种税收不属于法定税收？

A. 中央税

B. 地方税

C. 行业税

213. 鸵鸟可以以多快的速度奔跑？

A. 70千米/小时

B. 15千米/小时

C. 95千米/小时

214. 人们在诺曼底和英格兰海岸可以看到如上图的礁石，其白色是由什么构成的？

A. 白垩

B. 白色的大理石

C. 板岩

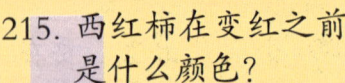

215. 西红柿在变红之前是什么颜色？

A. 绿色

B. 白色

C. 棕色

216. 医生可以借助一种器械给胎儿拍照，这种器械是通过什么起作用的？

A. 超声波

B. 电磁波

C. 视觉波

217. 苍蝇的视力非常好，是因为它有：

A. 复眼

B. 望远镜式的眼睛

C. 显微镜式的眼睛

218. 鱼子酱是由哪种鱼的卵做的？

A. 鲟鱼

B. 白斑狗鱼

C. 鲑鱼

219. 有一种运动是在一块备有帆的板上保持平衡，而这个帆板是靠风推动的，这种运动叫做什么？

A. 风帆冲浪运动

B. 帆船运动

C. 冲浪运动

220. 香蕉可生吃，但也可以用来做饮料。在非洲，下列哪种酒是以香蕉为原材料制成的？

A. 啤酒

B. 葡萄酒

C. 威士忌

221. 蝰蛇是一种有毒的蛇，但它也有天敌。它最大的天敌是：

A. 狐狸

B. 獾

C. 人类

222. 靠寄生在其他植物体上并吸收其养分存活的植物叫做：

  A. 寄生生物

  B. 浮游生物

  C. 高等生物

223. 长颈鹿的脖子很长，它的颈部有几块脊椎骨？

  A. 2块

  B. 7块

  C. 25块

224. 什么是间歇热喷泉？

  A. 一种天然喷泉

  B. 一种人工喷泉

  C. 岩洞内流出的热水

225. 在温布尔顿网球比赛时供应的传统甜点是：

  A. 甜的油煎鸡蛋薄饼

  B. 纵切成两片的香蕉

  C. 奶油草莓

226. 铅球比赛中，女子铅球的最小重量是：

  A. 1千克

  B. 2.5千克

  C. 4千克

227. 红毛猩猩属于类人猿，它的别称是：

  A. 粗野的猴子

  B. 猩猩

  C. 人猿

228. 红十字会是一个著名的国际组织，旨在给战争中的国家和受灾地区提供援助。在信仰伊斯兰教的国家，这个组织还叫做：

A. 红刀会

B. 红新月会

C. 红太阳会

229. 如果锯开人体内的一块骨头，人们从中能看到什么？

A. 一个洞

B. 水质液体

C. 血管

230. 飞镖游戏一开始是弓箭手在等待比赛时用来打发时间的，他们：

A. 将箭射在悬挂着的帽子上

B. 将断了的箭尖射在苹果上

C. 折下箭尖并把它们射在树干上

231. 哪个国家的最高长官住在白宫里？

A. 美国

B. 英国

C. 法国

232. 太平洋是世界上最大最深的海洋，它的最大深度是：

A. 11千米

B. 7千米

C. 2千米

233. 秃鹫主要以什么为食?

A. 垂死的或已死的动物

B. 老鼠和兔子

C. 昆虫和植物

234. 一天中有多少个15分钟?

A. 96个

B. 24个

C. 162个

235. 在下列山脉中,哪座山不是欧洲两个国家之间的自然边界?

A. 比利牛斯山

B. 阿尔卑斯山

C. 高加索

236. 太阳给人们提供了光和热,它是由什么构成的?

A. 热气体

B. 含铁的液体

C. 热石头

237. 海啸是什么?

A. 飓风

B. 旋风

C. 急速流动的海浪

238. 蛇是如何吃猎物的?

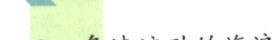

A. 不咀嚼直接吞下去

B. 先将它们咀嚼成小块

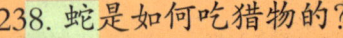

C. 用唾液将它们变软

239. 幼小的雄狮子在多大时会被它的父亲赶走?

A. 将近6个月大的时候

B. 将近1岁的时候

B. 将近2~3岁的时候

240. 蚂蚁有很大的嘴:

A. 但没有牙齿

B. 有4颗门牙

C. 有60余颗小牙齿

241. 印第安人是指哪些人?

A. 除爱斯基摩人外的所有美洲原住民

B. 澳大利亚的第一批居民

C. 被贩卖到美洲的非洲奴隶

242. 在一些地区有不同种类的竹林,竹子属于:

A. 禾本科

B. 灌木丛

C. 树木

243. 穆斯林做礼拜的地方称作:

A. 清真寺

B. 寺庙

C. 教堂

244. 三项全能运动不包括:

A. 格斗

B. 游泳

C. 自行车运动

245. 狐猴大部分生活在哪里?

A. 马达加斯加岛

B. 塞舌尔

C. 莫里斯岛

246. 在台球比赛中，不包括：

A. 开伦台球

B. 美式台球

C. 踢式台球

247. 男女赛跑中，除了100米和200米比赛外，还有其他长度的比赛，但不包括下列哪个?

A. 400米赛跑

B. 600米赛跑

C. 800米赛跑

248. 一些用于治疗心脏病的药物是从一种有毒植物的叶子中提取的，这种植物是：

A. 断肠草

B. 夹竹桃

C. 洋地黄

249. 彩虹有七种颜色，但不包括哪种颜色?

A. 红色

B. 黄色

C. 黑色

250. 在哪个国家可以参观到马丘比丘的古印加城市遗址？

A. 玻利维亚

B. 秘鲁

C. 阿根廷

251. 在欧洲大多数国家，汽车驾驶都是靠右行，然而，在英国和下列哪个国家，汽车驾驶都是靠左行的？

A. 希腊

B. 马耳他

C. 安道尔

252. 如果一辆小车挂着一个含有字母P的表示国籍的牌子，那么这辆车来自哪个国家？

A. 葡萄牙

B. 波兰

C. 巴基斯坦

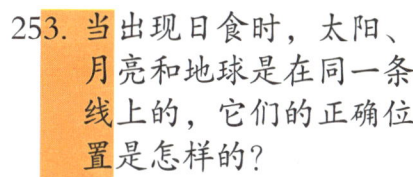

253. 当出现日食时，太阳、月亮和地球是在同一条线上的，它们的正确位置是怎样的？

A. 太阳在月亮和地球的中间

B. 月亮在太阳和地球中间

C. 地球在太阳和月亮的中间

254. 一种戏剧中没有语言，只有动作和手势，这种戏剧称作：

A. 哑剧

B. 喜剧

C. 独白剧

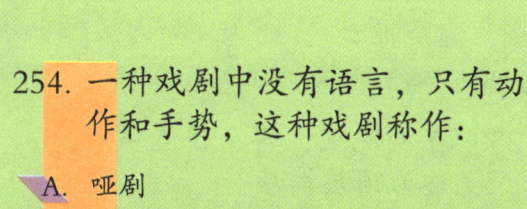

255. 美式足球是一项十分受欢迎的运动，它是指：

A. 橄榄球

B. 棒球

C. 曲棍球

256. 地球表面大部分都被水覆盖。地球上最大的海洋是：

A. 大西洋

B. 印度洋

C. 太平洋

257. 牡蛎产的珍珠主要是由什么物质构成的？

A. 碳酸钙

B. 有机物

C. 蛋白质

258. 鲑鱼生活在咸水区，但它却游到淡水区，其目的是为了：

A. 交配和产卵

B. 过冬

C. 死亡

259. 在剧院里，哪个位置被称为顶层楼座？

A. 最高和最便宜的座位

B. 第一排的座位

C. 包厢

260. 当使用降落伞从飞机上跳下而降落伞全部打开时，人们常以多快的速度降落？

A. 3千米/小时

B. 8千米/小时

C. 15千米/小时

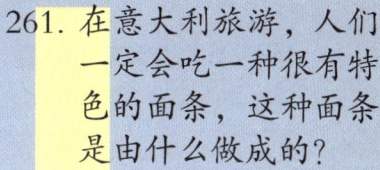

261. 在意大利旅游，人们一定会吃一种很有特色的面条，这种面条是由什么做成的？

A. 水、鸡蛋和牛奶

B. 玉米粉和水

C. 精白面粉和鸡蛋

262. 把蓝色和黄色颜料等比例混合，会调和成什么颜色？

A. 绿色

B. 淡紫色

C. 棕色

264. 1492年哥伦布发现美洲，然而他当时是为了寻找通向：

A. 北美的路

B. 中国的路

C. 印度的路

263. 德国早期为普通大众造了一种汽车,这种车的别名叫做：

A. 甲壳虫

B. 山羊

C. 鸭子

265. 一只普通的母鸡每年能下多少个蛋？

A. 250~300个

B. 100~120个

C. 365个

266. 2001年9月11日，哪栋大楼被恐怖分子毁坏了？

A. 世界贸易中心大楼

B. 比萨塔

C. 伦敦大楼

267. 下图这种具有特色的篷屋是?
    A. 老式印度帐篷
    B. 老式欧美帐篷
    C. 蒙古包

268. 海水中的盐是从哪里来的?
    A. 由陆地上的江河通过流水带来的
    B. 海底岩石溶化带来的
    C. 雨水中带来的

269. 母牛在什么情况下会产奶:
    A. 生下牛犊
    B. 吃许多草
    C. 每天饮30升的水

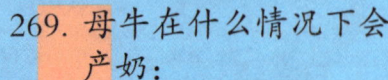

270. 在哪个城市可以看到下图中著名的钟?
    A. 布达佩斯
    B. 华沙
    C. 布拉格

271. 下列哪种奶酪是荷兰的特色奶酪?
    A. 球形干酪
    B. 汝拉干酪
    C. 牛乳干酪

272. 在足球比赛中,被称为"猝死"的加长赛,指的是:
    A. 比赛在一次进球后就结束
    B. 比赛在15分钟后就结束
    C. 比赛在5次罚点球后就结束

273. 在为期6天的越野自行车比赛中，每队有：

A. 2名参赛者

B. 5名参赛者

C. 10名参赛者

274. 如图所示，这些玻璃金字塔坐落在一所博物馆的入口，它们是在：

A. 埃及开罗

B. 法国巴黎

C. 英国伦敦

275. 人猿泰山是被哪种动物养大的？

A. 猴子

B. 狼

C. 熊

276. 氟利昂是广泛用于制冷设备的制冷剂，它排入自然环境中可使：

A. 空气清爽

B. 大气臭氧层被破坏

C. 天空下雨

277. 在太平洋中有一个岛，该岛的名字成为现在一种服装名称，它是：

A. 夏威夷

B. 马里亚纳

C. 比基尼

278. 雄狒狒在什么时候张大嘴巴以露出它巨大的犬齿？

A. 困了的时候

B. 遇到雌狒狒的时候

C. 遇到捕食者或对手的时候

279. 海底2 000千米深处的水温大约为：

A. 2摄氏度

B. 8摄氏度

C. 12摄氏度

280. 偷猎者捕杀犀牛是为了得到犀牛的角。犀牛角常用来：

A. 制雕塑

B. 制药

C. 制餐具

281. 世界上有不少国家都是岛国，下列哪个国家不是岛国：

A. 冰岛

B. 格陵兰

C. 德国

282. 飞机起飞或降落的轨道叫做：

A. 飞机跑道

B. 停机坪

C. 航空要道

283. 法国南部海岸经常刮：

A. 密史拖拉风

B. 西罗科风

C. 布拉风

284. 下列哪种职业的人在他的工作中常用烘烤设备？

A. 面包师

B. 鞋匠

C. 医生

285. 如下图，随意画或刻在墙上的字或图画叫做：

A. 涂鸦

B. 粗糙雕刻

C. 表意书写符号

286. 如果将棕榈树叶剪成扇形：

A. 棕榈树就会长出新的枝，并长出新的叶子

B. 会长出一片新的扇形叶子，但不结果实

C. 棕榈树会死

287. 在曲棍球比赛中，有：

A. 一名裁判

B. 两名裁判

C. 三名裁判

288. 雄猩猩拍打它的胸膛是为了：

A. 和其他雄猩猩交流

B. 引起雌猩猩的注意

C. 让对手感到害怕

289. 威金人来自哪个国家？

A. 挪威

B. 瑞典

C. 丹麦

290. 鼻子上方只有一只角，身上的皮肤似甲胄的犀牛是：

A. 亚洲犀牛

B. 非洲犀牛

C. 非洲犀牛和亚洲犀牛

291. 哪种水果主要生长在西班牙的果树上?

A. 橄榄

B. 苹果

C. 樱桃

292. 1896年第一届现代奥运会举办地是:

A. 巴黎

B. 雅典

C. 伦敦

293. 人们可以用哪种照片来拍摄人的骨骼?

A. X光照片

B. 数字照片

C. 拍立得照片

294. 猫头鹰的大眼睛不能转动,但它们的头可旋转:

A. 90度

B. 180度

C. 360度

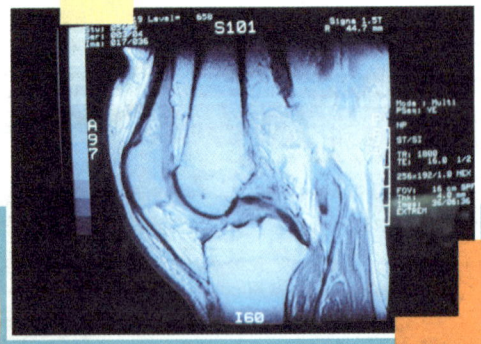

295. 16世纪,在哪个国家产生了闻名于世的钟表制造业?

A. 意大利

B. 瑞士

C. 丹麦

296. 巴黎星形广场上著名的凯旋门,是在谁的要求下建立的?

A. 密特朗

B. 拿破仑

C. 路易十四

297. 斯诺克台球一共有22个球，其中有15个红球、1个黑球、1个白球、1个黄球、1个粉球、1个绿球、1个棕色球、1个蓝色球，而人们每次都要先击打的1个球是：

A. 白球

B. 黑球

C. 黄球

298. 如果一年不剪头发，头发大概可以长多少厘米？

A. 12厘米

B. 24厘米

C. 6厘米

299. 勃兰登堡门是国家纪念性建筑，它是：

A. 东柏林和西柏林之间的分界标志

B. 巴黎的一条重要交通干线始端的标志

C. 进入挪威国王城堡的门

300. 患白化病的老鼠是白色的，它的眼睛是什么颜色的？

A. 红色

B. 白色

C. 黑色

301. 南极地区：

A. 属于大洋洲

B. 是"三不管"的自然区

C. 是不同国家都可使用的，但是必须承担相应的义务的地区

302. 动植物生存的区域叫做：

A. 系统

B. 生态环境

C. 动物群落

305. 藏红花常用来做：

A. 药物

B. 调料

C. 香料

303. 实际上，太阳的3/4都是由：

A. 氢组成的

B. 氦组成的

C. 氮组成的

306. 苔藓靠风吹散它的孢子来繁殖，下列哪种植物没有孢子：

A. 银莲花

B. 蕨

C. 蘑菇

304. 通常情况下的海浪是如何形成的？

A. 风吹动海水形成的

B. 海水拍打防波堤形成的

C. 船行驶形成的

307. 咖啡是由一种植物加工制成的，它是用这种植物的哪部分做的？

A. 咖啡树的种子

B. 咖啡树的叶子

C. 咖啡树的茎

308. 狒狒的一个群体大约由多少只狒狒组成？

A. 少于30只

B. 30到100只

C. 多于100只

309. 鹿什么时候会失去它的角？

A. 从来都不会

B. 一生中有几次

C. 每年春天的时候

310. 一些禽类动物靠上升的空气飞翔，这种流动的热空气叫做：

A. 湾流

B. 热上升气流

C. 湍流

311. 当北半球是冬天的时候，南半球是什么季节？

A. 夏天

B. 冬天

C. 秋天

312. 杏仁是下列哪种甜食的重要配料：

A. 比利时冰糖饼干

B. 小杏仁饼干

C. 白巧克力

313. 在网球比赛中有多名帮助捡球的青年，这些人叫做：

A. 球童

B. 助理裁判

C. 裁判员

314. 有三种野猪只生活在美洲中部和南部，它们都长有小的獠牙，并且长得像：

  A. 大象

  B. 猪

  C. 貘

316. 老虎肌肉的重量是其体重的：

  A. 10%

  B. 25%

  C. 50%

315. 以前，为了测试桥的牢固度，人们采取如下哪一种测试方式？

  A. 让军队在上面行走

  B. 让五六个人同时在上面用很重的脚步走

  C. 让很多人从直升机上跳下降落到桥上

317. 通常人们吃的爆米花是用什么做的？

  A. 玉米

  B. 四季豆

  C. 米

318. 目前，地球表面大约有多少座活火山？

  A. 200座

  B. 300座

  C. 600座

319. 哪种昆虫生活在蜂巢里，并且用来生产蜂蜜？

  A. 熊蜂

  B. 泥蜂

  C. 蜜蜂

320. 香港约有多少居民?

A. 200万

B. 400万

C. 700万

321. 在自行车比赛中，Giro指的是：

A. 环西班牙自行车赛

B. 环瑞士自行车赛

C. 环意大利自行车赛

322. 风帆飘板中没有：

A. 舵

B. 尾轴鳍

C. 防倾板

323. 日晷仪以前是用来观察时间的，它存在已经有：

A. 500年

B. 1 000年

C. 5 000年

324. 哪个国家把枫叶作为国家的象征？

A. 加拿大

B. 美国

C. 墨西哥

325. 埃及的苏伊士运河连通：

A. 亚得里亚海和地中海

B. 印度洋和大西洋

C. 地中海和红海

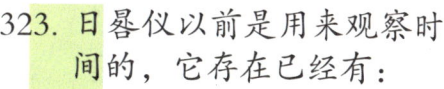

326. 科帕卡帕纳沙滩在哪个城市？

A. 萨尔瓦多

B. 圣保罗

C. 里约热内卢

327. 下列哪种老虎濒临灭绝？

A. 孟加拉虎

B. 西伯利亚虎

C. 巴厘虎

328. 在篮球比赛中，一次投篮最多可得：

A. 1分

B. 3分

C. 5分

329. 当一只蜜蜂要告诉它的同伴有花蜜的地方，它会：

A. 发出嗡嗡声

B. 在原地转圈

C. 跳"八"字舞

330. 德国有一个地区的树木非常茂盛，它是：

A. 黑森林

B. 绿森林

C. 棕色森林

331. 帆布划子是受到哪个民族的船的启发而被创造的？

A. 爱斯基摩人

B. 巴布亚人

C. 马萨伊人

332. 人们用下列哪种
植物的油做菜？

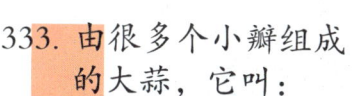

A. 橄榄

B. 无花果

C. 椰枣

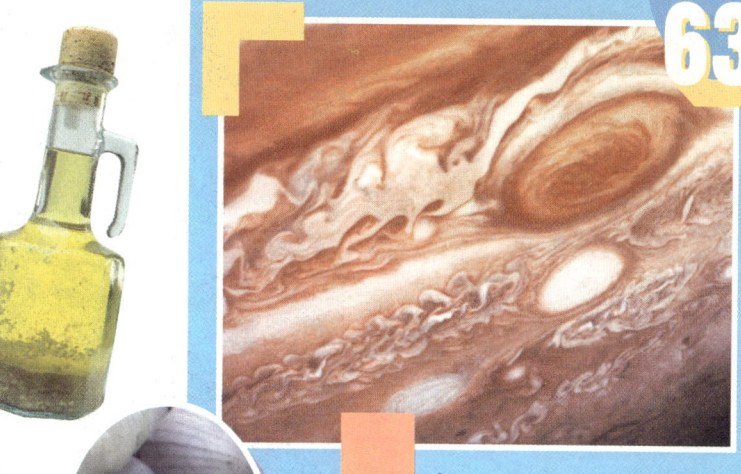

333. 由很多个小瓣组成
的大蒜，它叫：

A. 球茎

B. 小块茎

C. 块根

334. 伊奥、欧罗巴、伽倪墨
得斯、卡利斯托是指什
么？

A. 木星的卫星

B. 木星上的火山

C. 席卷木星的飓风

335. 在猎兔狗比赛
中，狗追赶前
面的：

A. 一个球

B. 食物

C. 一根棍子

336. 斑马是一种：

A. 几千年前就被驯化了的动物

B. 20世纪初在一些国家被驯化的动物

C. 从来都未被驯化的动物

337. 研究洞穴起源、
性质和生命的综
合性学科叫做：

A. 地质学

B. 考古学

C. 洞穴学

338. 海龟为什么离开水里爬上沙滩？

A. 为了产卵

B. 为了捕食

C. 为了找到它的同类

339. 折纸术是把纸折成不同的工艺品的一门艺术，它不能用于：

A. 食品配方

B. 工业品设计

C. 玩具设计

340. 冬天非常冷的时候就会下雪，雪花实际上是晶体状物在零摄氏度的时候结在一起而形成的。雪花晶体：

A. 是六面体的

B. 可以是任何形状的

C. 有6片的星形状

342. 拉斯维加斯城坐落在美国的内华达州，它的收入占了国家收入的大部分，这是因为：

A. 那里的税收非常高

B. 高级宾馆都在那里

C. 那里允许赌博，很多人去那里碰运气

341. 兰花有很多品种，但是它们有许多相同的特点，尤其是它们：

A. 都有四片花瓣和四片萼片

B. 都有雄蕊及蕊柱

C. 都没有花瓣

343. 防晒霜是保护人们的皮肤免受：

A. 紫外线的伤害

B. 红外线的伤害

C. 荧光的伤害

344. 如图所示，亚热带地区人们常在水田中种植什么？

A. 水稻

B. 海藻

C. 小麦

345. 南瓜是一种食物，但是它在某个节日中具有重要的装饰作用，这个节日是：

A. 圣西尔韦斯特节

B. 万圣节

C. 情人节

346. 雄驼鹿的角能够达到：

A. 1米长

B. 2米长

C. 3米长

347. 由于地球是椭圆形的，人们不能看到无穷远的地方。那么人们最多能看多远？

A. 12千米

B. 52千米

C. 112千米

348. 人们使用哪种炉快速加热食物？

A. 微波炉

B. 催化炉

C. 锅炉

349. 如图所示，世界上最长的城墙位于哪个国家？

A. 中国

B. 美国

C. 荷兰

350. 越野滑雪运动所使用的滑雪板长度：

A. 和高山滑雪运动的一样长

B. 比高山滑雪运动的短

C. 比高山滑雪运动的长

351. 潜水员穿的背心主要有什么作用？

A. 上升或下潜

B. 防御鲨鱼

C. 身体保暖

352. 葡萄酒是用葡萄酿制的，它可分为三类：红葡萄酒、白葡萄酒及粉红葡萄酒。粉红葡萄酒是：

A. 黑葡萄去皮酿制成的

B. 黑葡萄和白葡萄混合酿制成的

C. 葡萄皮和汁发酵酿制成的

353. 口香糖起初是以糖胶树胶为基础原料制成的，糖胶树胶是人心果树乳液凝聚而成的，口香糖的发明地区是：

A. 澳大利亚

B. 非洲

C. 美洲中部

354. 温度计里常用以下哪种物质来指示温度的？

A. 水银

B. 钙

C. 盐水

355. 河马妈妈是在哪里给
小河马哺乳的?

A. 在水下

B. 在陆地上

C. 在水下和在陆地上均可

356. 威士忌最大的生产国是
苏格兰。这种酒酿制的
原料是:

A. 浆果

B. 各种谷物

C. 葡萄

357. 南极是由什么组成的?

A. 只有冰

B. 陆地和大面积的冰盖水域

C. 水和冰山

358. 大城市周围的成片绿
化区域可作为?

A. 紧急避难处

B. 城市停车场

C. 垃圾处理区

359. 飞机上飞行员工作的
地方叫做什么?

A. 驾驶舱

B. 飞行室

C. 机舱

360. 赤大袋鼠是有袋类动物中
体型最大的一种袋鼠。它
能够跳:

A. 12米远

B. 6米远

C. 3米远

361. 巴拿马海峡连接哪两大海洋？

A. 太平洋和印度洋

B. 太平洋和大西洋

C. 大西洋和印度洋

362. 在障碍滑雪赛中，滑雪者必须通过所有的旗门。如果有一个旗门没通过的话，他将：

A. 受到处罚

B. 取消比赛资格

C. 应该重新开始

363. 国际跳棋的棋盘有多少个棋盘格？

A. 100

B. 92

C. 64

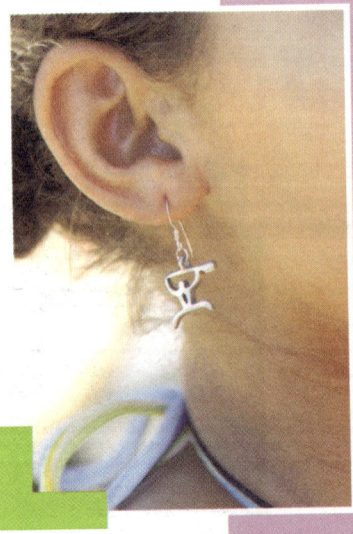

364. 耳朵的哪个部位接收声波让人们听到声音？

A. 耳膜

B. 鼓膜

C. 耳郭

365. 横膈膜是胸腔和腹腔之间的分隔，它是：

A. 一块肌肉

B. 一种血液组织

C. 一根骨头

366. 埃及金字塔实际上是：

A. 法老的坟墓

B. 豪华的房子

C. 文化中心

367. 世界上有各大网球满贯赛事。在下列竞赛中，哪一个不属于网球大联赛？

A. 罗兰·加洛斯

B. 莱德杯

C. 法拉盛

368. 从赤道出发绕地球一圈，有多少千米？

A. 4万千米

B. 4 000千米

C. 40万千米

369. 风是空气的流动。冷空气趋向于：

A. 下沉

B. 上升

C. 不动

370. 小长颈鹿出生时有多高？

A. 50厘米

B. 1米

C. 2米

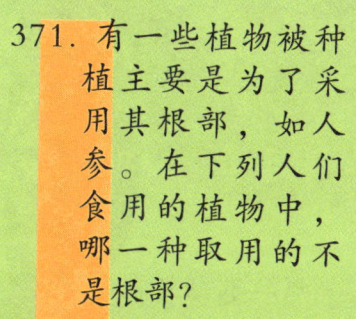

371. 有一些植物被种植主要是为了采用其根部，如人参。在下列人们食用的植物中，哪一种取用的不是根部？

A. 冬萝卜

B. 生姜

C. 桂皮

372. 能让许多人居住的
高楼叫做什么？

A. 摩天大楼

B. 纪念性建筑物

C. 大教堂

373. 新几内亚的居民
叫做：

A. 马萨伊人

B. 毛利人

C. 巴布亚人

374. 美国草原狼也叫做：

A. 丛林狼

B. 长耳狐

C. 南美浣熊

375. 行人穿越高速公路
不正确的是？

A. 在没有车时快速通过

B. 走下穿隧道

C. 走人行天桥

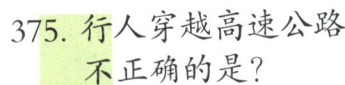

376. 蝙蝠属于哪一类动物？

A. 哺乳动物

B. 鸟类

C. 无脊椎动物

377. 飞镖起源于哪个
国家？

A. 英国

B. 中国

C. 印度

378. 风暴是通过哪一种方式在沙漠中席卷沙尘？

A. 波动运动

B. 垂直流动

C. 旋风

379. 华特·迪斯尼的第一部长片电影是：

A. 《白雪公主》

B. 《小鹿斑比》

C. 《爱丽丝梦游仙境》

380. 1761年，哪国的化学家法伯发明了最早用于写字的铅笔？

A. 德国

B. 法国

C. 英国

381. 人们喝的咖啡是使用咖啡子磨碎加工而成的。咖啡子是：

A. 咖啡树的种子

B. 咖啡树的果实

C. 咖啡树的芽

382. 冬季奥林匹克运动会每隔四年举行一次，它在：

A. 夏季奥林匹克运动会同一年举行

B. 夏季奥林匹克运动会后一年举行

C. 夏季奥林匹克运动会两年后举行

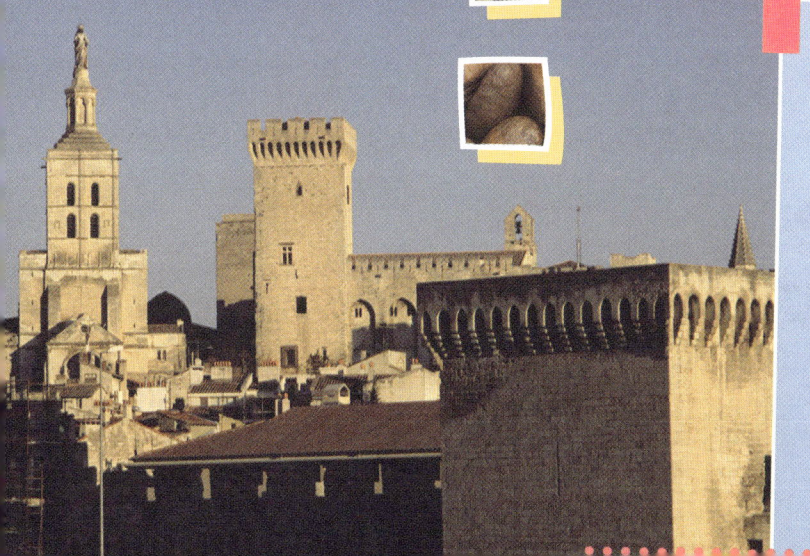

383. 在阿维尼翁举行的著名节日是哪个节日？

A. 戏剧节

B. 电影节

C. 童话节

384. 非洲最高的山脉位于坦桑尼亚，这一山脉叫做：

A. 乞力马扎罗山脉

B. 肯尼亚山脉

C. 神灵之山脉

385. 鹭飞翔的时候，它的脖子：

A. 沿着身体合拢

B. 弯成S形

C. 向下弯，头朝上

386. 火车在全世界运行，它有不同种类。其中一种最著名的是"东方快车"，自1889年以来，它连接了：

A. 巴黎和伊斯坦布尔

B. 莫斯科和维也纳

C. 罗马和索菲亚

387. 描绘声音大小的专业术语是什么？

A. 分贝

B. 厘贝

C. 毫贝

388. 世界三大汽车越野赛不包括：

A. F1方程式汽车赛

B. 达喀尔汽车拉力赛

C. 骆驼杯锦标赛

389. 冲浪运动来自哪个国家？

A. 澳大利亚

B. 波利尼西亚

C. 马达加斯加

390. 手球于19世纪末出现在：

A. 德国

B. 法国

C. 英国

391. 太阳表面的温度大约为：

A. 5 000摄氏度

B. 1万摄氏度

C. 1.5万摄氏度

392. 两个立方体共有多少个面？

A. 12个

B. 6个

C. 10个

393. 身体大部分是由什
   么物质组成？

A. 水

B. 脂肪

C. 血液

394. 人们依靠什么才
   把太阳光转换为
   电能？

A. 太阳能电池板

B. 照明灯

C. 能源蓄电池

395. 猎豹是陆地上奔跑速度
   最快的动物。它奔跑的
   速度可达到：

A. 60 千米/小时

B. 110 千米/小时

C. 150 千米/小时

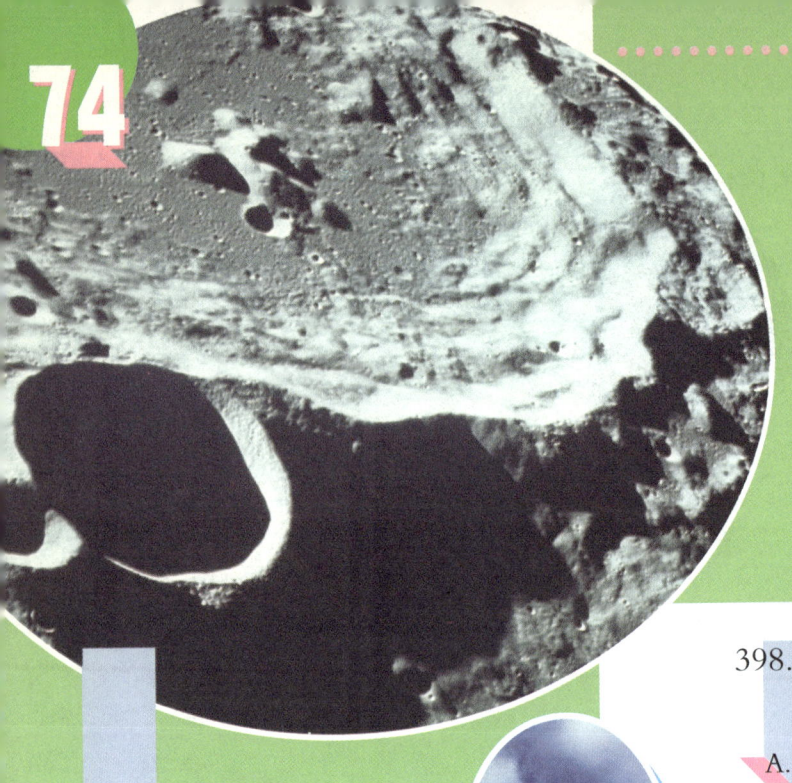

396. 蓝鲸是地球上幼仔最大的生物。蓝鲸出生时就有:

A. 7米长

B. 10米长

C. 13米长

397. 月球表面的坑是怎样形成的?

A. 陨星的撞击

B. 旋风风蚀

C. 月球中心的火山熔岩喷发

398. 由于火山喷发而形成的坚硬的灰色岩石属于:

A. 花岗岩

B. 煤

C. 玄武岩

399. 现代歼击机飞行时常有几名飞行员?

A. 1名

B. 2名

C. 4名

400. 人们上臂有块肌肉叫做:

A. 二头肌

B. 三头肌

C. 四头肌

401. 1912年,泰坦尼克号遭遇了一起严重的事故。泰坦尼克号是哪种交通工具?

A. 船

B. 火车

C. 飞机

402. 在一项日本角斗运动中，大力士要让对方身体着地，或者将其推向界外即为获胜。这项运动叫做：

A. 相扑

B. 摔跤

C. 跆拳道

403. 气垫船是以气垫为支撑航行的船。气垫船又叫做什么？

A. 腾空船

B. 水上飞机

C. 邮船

405. 世界上落差最大的瀑布是？

A. 安赫尔瀑布

B. 维多利亚瀑布

C. 尼亚加拉瀑布

404. 在狼群中，谁是头领？

A. 年纪最大的母狼

B. 年纪最大的公狼

C. 最高大强壮的公狼

406. 猫头鹰在整吞下猎物后，会吐出一小团食丸。该食丸：

A. 是一些不能消化的物质如细小的骨头和毛发等残物渣滓

B. 将被保留下来充当冬天的储备

C. 马上又会吞下去，进行第二次消化

407. 在沙漠中，骆驼不喝水也能存活数日。成年骆驼一次性能饮多少升水？

A. 12升

B. 62升

C. 180升

409. 哪一种树在冬季树叶还是绿的？

A. 松树

B. 栗树

C. 榆树

408. 哪一条河流的名字和加利福尼亚州府的名字相同？

A. 萨克拉门托河

B. 科罗拉多河

C. 羽毛河

410. 几个鸡蛋的重量相当于一个鸵鸟蛋的重量？

A. 5个鸡蛋

B. 10个鸡蛋

C. 25个鸡蛋

411. 多米诺骨牌游戏是由长方形的骨牌组成的，骨牌上的黑点分为两部分。一局完整的游戏牌有：

A. 20张骨牌

B. 24张骨牌

C. 28张骨牌

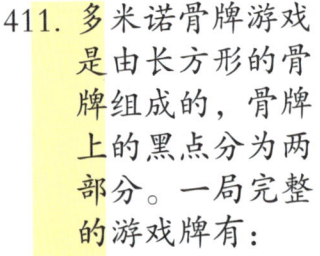

412. 感冒属于哪类疾病？

A. 呼吸道疾病

B. 心血管疾病

C. 心理疾病

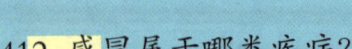

413. 人体头部的哪个部分是
　　对称成对生长的?

A. 耳朵

B. 鼻子

C. 嘴巴

414. 核发电站产生的是什么?

A. 能量

B. 石油

C. 水

415. 当判定选手出局时, 裁判应
　　该出示什么颜色的牌?

A. 红牌

B. 黄牌

C. 绿牌

416. 狐狸闻名是因为:

A. 狡猾

B. 多情

C. 懒惰

417. 好莱坞是以电影业而
　　著名的, 它位于:

A. 圣弗朗西斯科

B. 芝加哥

C. 洛杉矶

418. 棉花是做衣服的一种
　　材质, 它是:

A. 一种合成物质

B. 从动物中提取的物质

B. 从植物中提取的物质

419. 野鸭成群飞行时，它们是：

A. 呈 "V" 字形

B. 无秩序的

C. 一个接一个排成直线的

420. 下列哪种食物一般不含大麦？

A. 法国面包

B. 啤酒

C. 全麦饼干

421. 让自行车灯发亮的小机器叫做什么？

A. 发电机

B. 变压器

C. 电动机

422. 19世纪以来，（斯里兰卡的）加勒地区有一个村庄的名字很奇怪，它的名字是：

A. 一个 "?"

B. 都是由辅音组成

C. 由58个字母组成

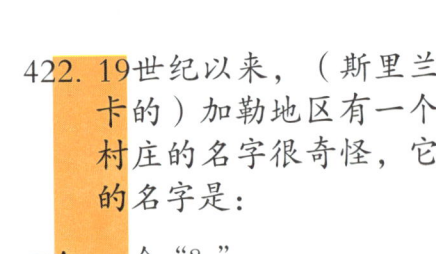

423. 环法自行车赛中，爬坡成绩最佳的车手穿的圆点衫是什么颜色？

A. 红色

B. 绿色

C. 黄色

424. 哪位著名作曲家出生在萨尔茨堡？

A. 莫扎特

B. 海顿

C. 肖邦

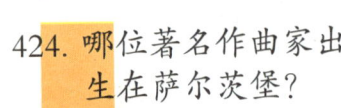

425. 谁是第一位获得奥斯卡最佳
女演员奖的黑人女星?

A. 乌佩·高德伯格

B. 哈丽·贝瑞

C. 碧昂丝·诺斯

426. 古巴是美洲加勒比海北部群
岛的一部分，该群岛是：

A. 安地列斯群岛

B. 巴哈马群岛

C. 波利尼西亚群岛

427. 玛瑙是一种颜色不一的
宝石，它是：

A. 化石贝壳，是水使它拥有
不同的颜色

B. 沙漠融化的晶体

C. 位于火山岩形成的天然洞里

428. 黑猩猩通常能学会
多少个单词?

A. 10个

B. 100个

C. 300个

429. 彩虹最外一层
是什么颜色?

A. 红色

B. 黄色

C. 紫色

430. 莱伊卡是第一只被
装载在航天器中
送入地球轨道的
动物。莱伊卡是
哪种动物?

A. 狗

B. 猴子

C. 兔子

431. 美国的迪斯尼乐园是世界上最大的游乐园。在欧洲，建造了一座规模较小的迪斯尼乐园，它位于：

A. 巴黎

B. 伦敦

C. 柏林

432. 在朝鲜，蓟可作为蔬菜来食用。人们吃这种植物的：

A. 整朵花

B. 花蕾的总苞片及花托

C. 整个花瓣

433. 在空旷地带，为了让大众都能听见声音，人们常用什么仪器放大声音？

A. 扬声器

B. 步话机

C. 传话筒

434. 在田径运动会上，如果跳远运动跳了6.6米，这等于多少厘米？

A. 606 厘米

B. 660 厘米

C. 66 厘米

435. 鬣狗以什么为食？

A. 植物

B. 大小型哺乳动物

C. 鸟类和植物

436. 死海因什么而闻名？

A. 因为水不流动

B. 因为有很多的死鱼

C. 因为人能在上面漂浮

437. 数世纪以来，与日本天皇的称谓相同、有41根竹签的日本游戏是哪个游戏？

A. 米卡多游戏棒

B. 多米诺骨牌

C. 魔术棒

438. 世界上一年中下雨天数最多的地方是夏威夷的怀厄莱山，下雨天有：

A. 30天

B. 125天

C. 350天

439. 茄科类植物包含很多种蔬菜。在下列蔬菜中，哪种蔬菜也属于茄科？

A. 嫩玉米

B. 西红柿

C. 胡萝卜

440. 人们通常在什么时候度蜜月？

A. 刚结婚后的一段时间

B. 圣诞节后

C. 圣灵降临节

441. 北极熊生活在哪里？

A. 北极

B. 南极

C. 两极

442. 北美的驯鹿叫什么名字？

A. 加拿大驯鹿

B. 驯鹿

C. 瞪羚

443. 人们如今常用什么给旋风命名？

A. 用男人女人的名字

B. 用花的名字

C. 用城市的名字

444. 成人的骨骼大约有多重？

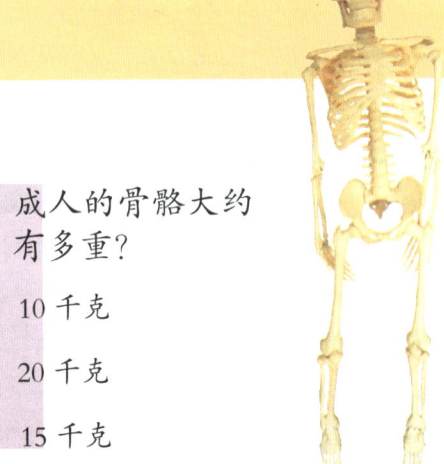

A. 10 千克

B. 20 千克

C. 15 千克

445. 研究鸟类的人被称为：

A. 动物学家

B. 鸟类学家

C. 生物学家

447. 体育运动中，冲浪是以什么为动力？

A. 海浪

B. 船桨

C. 发动机

446. 乒乓球比赛中，一局最先获得多少分的人是获胜者？

A. 11 分

B. 10 分

C. 15 分

448. 保龄球球道上有多少个瓶子？

A. 10 个

B. 9 个

C. 11 个

449. 野生袋鼠生活在：

A. 澳大利亚

B. 非洲

C. 墨西哥

450. 当人们笑的时候，使用了：

A. 1 块肌肉

B. 17 块肌肉

C. 48 块肌肉

451. 如上图，建在海上的建筑物叫做什么？

A. 海堤

B. 港湾

C. 海洋通道

452. 卡普里岛是意大利的一个岛屿。它位于地中海的一部分，这部分海叫做：

A. 亚德里亚海

B. 马尔马拉海

C. 第勒尼亚海

454. 不导电的物质叫做什么？

A. 离子

B. 电解质

C. 绝缘体

453. 地球上有多少种蘑菇？

A. 1万种

B. 2万种

C. 5万多种

455. 欧洲哪个城市居民人数最多?

A. 莫斯科

B. 伦敦

C. 巴黎

456. 下列哪种荨麻当人们碰到它时,会扎手?

A. 绿色的荨麻

B. 白色的荨麻

C. 淡紫色的荨麻

457. 如图这座著名的桥位于哪个城市?

A. 巴黎

B. 伦敦

C. 阿姆斯特丹

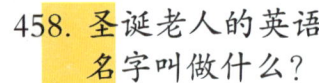

458. 圣诞老人的英语名字叫做什么?

A. Santa Claus

B. Christmas Man

C. North Friend

459. 冰川从冰山上滑落时,会挟带和搬运一些山顶的碎屑。碎屑形成的堆积物叫做:

A. 冰川谷

B. 冰碛

C. 冰斗

460. 地球上大约还剩
有多少只老虎?

A. 500~1 000只

B. 5 000~7 500只

C. 1万~2万只

461. 世界上最大的湖
泊是?

A. 维多利亚湖

B. 贝加尔湖

C. 里海

462. 水獭很容易被驯服,
并用来帮助人类:

A. 捕鱼

B. 采蘑菇

C. 捅胡蜂窝

463. 1883年, 在印度尼西亚
发生了最严重的火山爆
发。人们在多少千米以
内都能听到火山的爆炸
声?

A. 5 000 千米

B. 1 000 千米

C. 300 千米

464. 英国的首都是?

A. 多佛

B. 剑桥

C. 伦敦

465. 冰球比赛的一方有
几人上场?

A. 6

B. 8

C. 9

466. 蟾蜍的寿命大约为：

A. 13个月

B. 3年

C. 36年

467. 柔道初学者的腰带是什么颜色？

A. 白色

B. 黄色

C. 黑色

468. 佛罗伦萨是意大利哪个区的首府？

A. 伦巴第

B. 皮埃蒙特

C. 托斯卡纳

469. 《白雪公主和七个小矮人》是哪国的童话故事？

A. 德国

B. 法国

C. 英国

470. 下列名字中哪一个指的不是希腊岛屿？

A. 兰萨罗特岛

B. 萨摩斯岛

C. 科孚岛

471. 下列关于虎鲸的说法中哪一个是错误的？

A. 虎鲸也叫逆戟鲸

B. 虎鲸属于海豚科

C. 虎鲸属于鲨鱼科

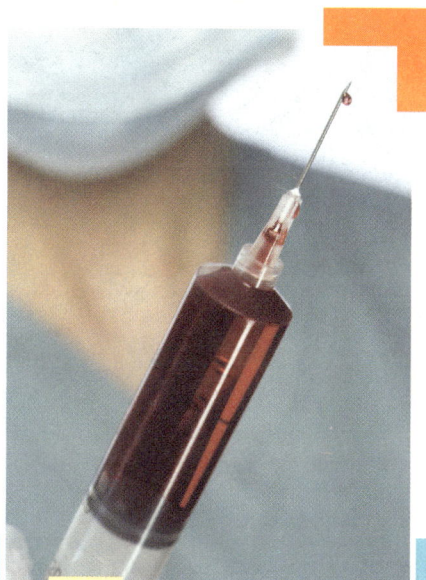

472. 雅典爱克波上的帕台农神殿的柱子是以什么方式排列的?

A. 多利安式

B. 罗尼克式

C. 考林辛式

473. 献血的人叫做什么?

A. 供血者

B. 捐赠人

C. 受赠人

474. 人类生存最主要的物质是什么?

A. 空气和水

B. 氧气和热量

C. 食物和衣服

475. 许多山脉绵延于海洋底部,这些山脉叫做什么?

A. 海洋山脉

B. 海脊

C. 海塔

476. 斗牛在西班牙和葡萄牙举行。在斗牛场中,与公牛角斗的人叫做:

A. 勇士

B. 武士

C. 斗牛士

477. 在飞镖游戏中，一局比赛的最高得分可达到：

A. 60分

B. 80分

C. 100分

478. 哪个设备通过电话通讯不能运行？

A. 调制解调器

B. 扫描仪

C. 传真

480. 在斯洛克台球中，有15个球的颜色是相同的，它们是什么颜色？

A. 红色

B. 蓝色

C. 绿色

479. 以下哪种花在自然界11月份开放？

A. 丁香花

B. 野菊花

C. 水仙花

481. 在排球比赛中，参赛队至少要得多少分才能赢得一局比赛？

A. 25分

B. 20分

C. 15分

482. 如图所示，这种船叫做什么？

A. 快船

B. 游览观光船

C. 邮船

483. 在哪个地方找不到任何昆虫?

A. 深穴

B. 海洋的深水区

C. 雪覆盖的高山顶

484. 两个人骑的自行车叫做:

A. 双座自行车

B. 双人自行车

C. 两座自行车

485. 中国的政治、文化中心城市是:

A. 北京

B. 广州

C. 上海

486. 蝎子分泌毒液的刺在它的:

A. 舌尖上

B. 头上

C. 尾端末节

487. 澳大利亚大堡礁是世界上最长的珊瑚礁,它有:

A. 2 000千米多长

B. 1.2万千米多长

C. 2.5万千米多长

488. 变色龙的眼睛有什么特点?

A. 两只眼睛可以各自单独转动

B. 能够看到彩色

C. 能看到200多米远的地方

489. 水球比赛中，两队各由七名选手参加比赛。比赛中，传球应该通过：

A. 双手

B. 身体的任何部位

C. 拳头

490. 瓦莱塔是哪个国家的首都？

A. 科西嘉

B. 克里希岛

C. 马耳他

491. 在短促的节奏背景下，快速说讲的音乐属于哪种音乐？

A. 说唱音乐

B. 快餐音乐

C. 爵士乐

494. 金属瓶盖一般有多少个齿轮状凸起？

A. 21个

B. 20个

C. 22个

492. 英国伦敦威斯敏斯特宫著名的报时钟叫做什么？

A. 大本钟

B. 科洛称尔钟

C. 八音钟

493. 在北半球，一年中白昼最长的一天是：

A. 3月21日

B. 7月21日

C. 9月21日

495. 英文字母表里有多少个辅音字母？

A. 21个

B. 20个

C. 19个

496. 海豚属于哪类动物？

A. 鲸类

B. 鼠海豚

C. 鳐鱼

497. 下面哪个区不属于意大利？

A. 翁布里亚

B. 安达卢西亚

C. 托斯卡纳

498. 野牛分为两种：

A. 欧洲的和非洲的

B. 欧洲的和美洲的

C. 非洲的和美洲的

499. 在湖泊的死水表面，会出现一层绿色的水生植物，它是由：

A. 浮萍生物形成的

B. 水草形成的

C. 蛙绿形成的

500. 美国大峡谷位于哪个州？

A. 亚利桑那州

B. 加利福尼亚州

C. 内华达州

答 案

1. A	11. A	21. A	31. A	41. B	51. B
2. B	12. A	22. A	32. C	42. A	52. A
3. A	13. C	23. A	33. A	43. A	53. A
4. A	14. A	24. C	34. A	44. A	54. B
5. C	15. A	25. A	35. A	45. A	55. A
6. C	16. A	26. A	36. A	46. A	56. C
7. C	17. A	27. A	37. A	47. B	57. A
8. A	18. B	28. A	38. A	48. A	58. A
9. B	19. A	29. A	39. C	49. B	59. A
10. A	20. A	30. A	40. A	50. A	60. A
61. B	71. B	81. B	91. B	101. B	111. A
62. A	72. A	82. A	92. A	102. A	112. A
63. A	73. A	83. A	93. B	103. B	113. A
64. A	74. A	84. C	94. B	104. B	114. A
65. C	75. B	85. A	95. A	105. A	115. A
66. C	76. A	86. C	96. A	106. C	116. A
67. A	77. C	87. A	97. A	107. B	117. A
68. A	78. A	88. A	98. A	108. A	118. A
69. A	79. A	89. A	99. C	109. C	119. B
70. A	80. B	90. A	100. C	110. A	120. A
121. A	131. A	141. A	151. A	161. A	171. A
122. A	132. A	142. A	152. A	162. B	172. A
123. A	133. A	143. B	153. A	163. A	173. C
124. A	134. B	144. C	154. B	164. B	174. B
125. B	135. A	145. C	155. B	165. A	175. A
126. A	136. A	146. A	156. B	166. A	176. C
127. C	137. C	147. A	157. A	167. A	177. A
128. A	138. A	148. C	158. B	168. A	178. A
129. A	139. A	149. B	159. C	169. A	179. A
130. A	140. A	150. C	160. A	170. A	180. B
181. B	191. C	201. A	211. C	221. C	231. A
182. A	192. B	202. C	212. C	222. A	232. A
183. C	193. B	203. A	213. A	223. B	233. A
184. C	194. C	204. A	214. A	224. A	234. A
185. A	195. A	205. B	215. A	225. C	235. C
186. A	196. A	206. A	216. A	226. C	236. A
187. A	197. C	207. C	217. A	227. B	237. C
188. A	198. A	208. B	218. A	228. B	238. A
189. C	199. A	209. B	219. A	229. A	239. C
190. A	200. B	210. B	220. A	230. C	240. A

241. A	245. A	249. C	253. B	257. A
242. A	246. C	250. B	254. A	258. A
243. A	247. B	251. B	255. A	259. A
244. A	248. C	252. A	256. C	260. A

261. C	271. A	281. C	291. A	301. C	311. A
262. A	272. A	282. A	292. B	302. B	312. B
263. A	273. A	283. A	293. A	303. A	313. A
264. C	274. B	284. A	294. A	304. A	314. B
265. A	275. A	285. A	295. B	305. A	315. A
266. A	276. B	286. C	296. B	306. A	316. C
267. A	277. C	287. B	297. A	307. A	317. A
268. A	278. C	288. C	298. A	308. B	318. C
269. A	279. A	289. A	299. A	309. C	319. C
270. C	280. B	290. A	300. A	310. B	320. C

321. C	331. A	341. B	351. A	361. B	371. C
322. A	332. A	342. C	352. C	362. B	372. A
323. C	333. A	343. A	353. C	363. A	373. C
324. A	334. A	344. C	354. A	364. A	374. A
325. C	335. B	345. B	355. A	365. A	375. A
326. C	336. C	346. C	356. B	366. A	376. A
327. C	337. C	347. A	357. B	367. B	377. A
328. B	338. A	348. A	358. A	368. A	378. C
329. C	339. A	349. A	359. A	369. A	379. A
330. A	340. C	350. C	360. A	370. C	380. A

381. A	391. A	401. A	411. C	421. A	431. A
382. C	392. A	402. A	412. A	422. C	432. B
383. A	393. A	403. A	413. A	423. A	433. A
384. A	394. A	404. C	414. A	424. A	434. A
385. B	395. B	405. A	415. A	425. B	435. B
386. A	396. A	406. A	416. A	426. A	436. C
387. A	397. A	407. C	417. C	427. C	437. A
388. A	398. C	408. A	418. C	428. C	438. C
389. B	399. A	409. A	419. A	429. A	439. B
390. A	400. A	410. C	420. A	430. A	440. A

441. A	451. A	461. C	471. C	481. A	491. A
442. A	452. C	462. A	472. A	482. A	492. A
443. A	453. C	463. A	473. A	483. B	493. B
444. A	454. C	464. C	474. A	484. A	494. A
445. B	455. C	465. A	475. B	485. A	495. A
446. A	456. A	466. C	476. C	486. C	496. A
447. A	457. B	467. A	477. A	487. A	497. B
448. A	458. A	468. C	478. B	488. A	498. B
449. A	459. B	469. A	479. B	489. B	499. A
450. B	460. B	470. A	480. A	490. C	500. A